走遍世界很简单

ZOUBIAN SHIJIE HENJIANDAN

印度尼西亚大探秘

YINDUNIXIYA DATANMI

知识达人 编著

成都地图出版社

图书在版编目（CIP）数据

印度尼西亚大探秘/知识达人编著．— 成都：成都地图出版社，2017.1（2021.5 重印）
（走遍世界很简单）
ISBN 978-7-5557-0296-2

Ⅰ．①印… Ⅱ．①知… Ⅲ．①印度尼西亚—概况
Ⅳ．① K934.2

中国版本图书馆 CIP 数据核字 (2016) 第 094449 号

走遍世界很简单——印度尼西亚大探秘

责任编辑：马红文
封面设计：纸上魔方

出版发行：成都地图出版社
地 址：成都市龙泉驿区建设路 2 号
邮政编码：610100
电 话：028 - 84884826（营销部）
传 真：028 - 84884820

印 刷：唐山富达印务有限公司
（如发现印装质量问题，影响阅读，请与印刷厂商联系调换）

开 本：710mm×1000mm 1/16
印 张：8   字 数：160 千字
版 次：2017 年 1 月第 1 版 印 次：2021 年 5 月第 4 次印刷
书 号：ISBN 978-7-5557-0296-2
定 价：38.00 元

前 言

美丽的大千世界带给我们无限精彩的同时，也让我们产生很多疑问：世界上到底有多少个国家？美国到底在什么地方？为什么奥地利有那么多知名的音乐家？为什么丹麦被称为"童话之乡"？……相信这些问题经常会萦绕在小读者的脑海中。

为了解答这些问题，我们精心编写了这套《走遍世界很简单》系列丛书，里面蕴含了世界各国丰富的自然、地理、历史以及人文等社会科学知识，充满了趣味性和可读性，力求让小读者掌握最全面、最准确的知识。

本系列丛书人物对话生动有趣，文字浅显易懂，并配有精美的插图，是一套能开拓孩子视野、帮助孩子增长知识的丛书。现在，就让我们打开这套丛书，开始奇特的环球旅行吧！

路易斯大叔

　　美国人，是位不折不扣的旅行家、探险家和地理学家，足迹遍布全世界。

多多

　　10岁的美国男孩，聪明、活泼好动、古灵精怪，对一切事物都充满好奇。

米娜

　　10岁的中国女孩，爸爸是美国人，妈妈是中国人，从小生活在中国，文静可爱，梦想多多。

目　录

目 录

多多一走进房间，便皱了一下眉头，接着抽了两下鼻子，然后立即用手捂住鼻子，生气地大声说："米娜，你是不是又吃榴莲了？臭死了！"

"就吃了一点儿，"米娜不太好意思地说，"因为你不爱闻榴莲的味道，我已经好几天没吃了……"

"难道你不知道，你只要一吃榴莲，满屋子都是那个味道吗？赶紧打开窗子透透气吧！"多多并没有因米娜的解释而消气。

"这都是因为你的鼻子太灵敏了，我就闻不到——"看到多多特别生气的样子，米娜忙讨好道，"不过，我还买了你喜欢吃的山竹。我马上拿给你。"

米娜连忙打开冰箱，把山竹取出来，还亲手剥开一个，递给多多。多多将白色的山竹果肉放进嘴里，火气马上消下去一大半，边吃边说："好吧，我原谅你了。"

一旁的路易斯大叔似乎对他们的争吵已经司空见惯，他充耳不闻，只是将一小罐咖啡拿出来，冲泡好之后，便专心地看着它，不时用鼻子闻一闻，却并不去喝。随着袅袅上升的雾气，浓郁的咖啡香气

在屋子里弥漫开来。

"这是什么咖啡？闻起来好香。"米娜拿起那罐咖啡，看到商标上有一只像狸猫的动物。

路易斯大叔说："这是我的一个朋友送给我的，他刚从印度尼西亚（简称印尼）旅游回来，便给我带了一些那里特有的'麝香猫咖啡'，它是世界上最稀有、最独特、最昂贵的咖啡。别看只有这么一小罐，它还不到250克，价格却相当高，大约近400美元呢！米娜，你是不是想喝？那就喝一口吧。"

刚才米娜就眼巴巴地盯着那杯泡好的咖啡，一听路易斯大叔的话，立即拿起杯子喝了一口。她细细地品味着，接着又喝了一口，脸上就露出一副非常享受的表情。

"好喝吗？味道怎么样？"路易斯大叔有点紧张地看着米娜。

"太好喝了！"米娜激动地说，"我从来没有喝过这么好喝的咖啡。味道香醇无比，非常独特，简直是人间极品呀！"米娜一边说话，一边将杯中的咖啡全都喝完了。

"我也要尝一尝。"多多听到米娜的话也跑了过来。于是，路易斯大叔又冲了一杯咖啡，多多喝了一口，却立即吐了出来，说道："真难喝！米娜就喜欢那种奇怪的味道。"

"是你不会品尝。"米娜反驳道。

路易斯大叔喝了一小口咖啡，然后心满意足地说："这味道果然非常独特，口感丰富，又香又醇。怪不得有人说，如果能喝上一杯印尼的麝香猫咖啡，便此生无憾了。你们知道吗，麝香猫也参与这种咖啡的制作，而且是必不可少的。"路易斯大叔开始讲起了麝香猫咖啡的由来。

麝香猫是印度尼西亚苏门答腊岛上的一种栖息在树上的野生动物，它生性孤僻，昼伏夜出。它非常喜欢吃咖啡树的果实，而且挑选的都是最成熟饱满、香甜多汁的果实。咖啡果实被麝香猫吃进肚子后，外表的果肉被消化掉，但那坚硬无比的咖啡原豆却几乎原封不动地被排出体外。

苏门答腊岛上的居民一旦找到它的粪便，便会将里面的咖啡豆小心地收集起来，然后经过挑选、晾晒、除臭和加工烘焙等多道工序，制造出最独特的、最昂贵的咖啡。

没等听完路易斯大叔的讲述，米娜早已忍不住冲进了卫生间。很快，卫生间里便传来了呕吐的声音。

"说起来，印尼是一个很独特的地方，"路易斯大叔继续说，"也有很多独特的东西。"他从包中拿出来一个用木头雕成的蜥蜴，虽然不大，但却栩栩如生，它摇头摆尾的样子非常可爱。

多多拿过木雕，闻到上面还有一股淡淡的香味。他对这只木蜥蜴爱不释手，立即向路易斯大叔讨要。

　　路易斯大叔说："木雕是印尼非常有名的传统工艺品，在印尼很容易买到。另外，印尼的皮影戏、木偶戏和舞蹈也很独特。还有像你爱吃的号称'水果王后'的山竹，还有米娜爱吃的号称'水果之王'的榴莲，它们都是印尼所盛产的水果。我还真想去那里看看呢。"

　　多多立即说道："那就去吧，路易斯大叔。现在正好赶上我们放假了，我们就去那里度假吧。"

　　接下来，他们开始商量去印尼的行程。等米娜从卫生间里出来时，两个人早就商量好了。

第1章

迷人的雅加达

　　飞机降落在印度尼西亚首都雅加达的机场，路易斯大叔他们三个人先后从飞机上走下来。他们已事先换好短衣短裤，准备好了迎接雅加达炎热的天气，但是让他们没想到的是，他们却感觉十分凉爽。大概是因为这里刚下了一场雨，温度有些低。

　　他们乘车赶往雅加达市区，在进入市区时遇上了堵车。在不时的

走走停停中，多多非常不耐烦，忍不住抱怨了几句。出租车司机却显得十分淡定，说："在雅加达，堵车很常见，这算得上是一大特色。不要着急，因为着急也没用，还不如平心静气地等待呢。"

为了缓解大家因为堵车所产生的焦躁，路易斯大叔给他们讲起了雅加达的历史。

雅加达位于爪哇岛的西北部海岸

上，有一条叫芝里翁的河流经市区，注入雅加达湾。

公元5世纪，在芝里翁河的河口地区有一个小渔村，那时叫"巽达格拉巴"，意思是"椰子密林的世界"，所以至今还有不少华人将雅加达称为"椰城"。公元16世纪初，小渔村发展成了小镇，人口达到了10多万，吸引了许多外国人和印尼人来这里经商。

1522年，葡萄牙人来到这里，向当时西爪哇王国提出，要在这里建立贸易站。但是还没有等葡萄牙的贸易站建成，1527年6月22日，中爪哇王国的总司令法达希拉便率领军队打败了葡萄牙人。为了纪念这次胜利，法达希拉将小镇改名为"查雅加达"，意思是"胜利的城市"。

1596年，荷兰人入侵查雅加达，又是建立贸易站，又是修建堡垒，还成立了"东印度公司"，将这里变成了其殖民地。

1619年，当地人和英国人袭击了荷兰人的城堡。荷

兰人大怒，他们立即调集了16艘战舰和1000名官兵，大举进攻该城，虽然夺回了该城，但城市也遭到毁灭性的破坏。后来，荷兰人在废墟上建起新城，称它为"巴达维亚"。在荷兰人的统治下，城区不断扩展，人口不断增加。

1945年，印尼政府宣布独立，并将该城的名字恢复为原名——雅加达。

这时，汽车终于开动了。他们一边走，一边听路易斯大叔的讲解。

雅加达分为老城区和新城区。北部是老城区，靠近海岸，处处难掩衰败的气息，高层建筑很少，大多老旧，有许多欧式建筑，应该是荷兰殖民时期留下的。街道狭窄拥挤，没有人行道，红绿灯也不规范。路上的摩托车非常多，经常是风驰电掣般地疾驰而过。

南部是新城区，呈现出一派现代化的景象。那里高楼林立，街道宽阔整洁，各式高耸的豪华建筑比比皆是。

此外，在雅加达有一个特殊的地方，那就是豪华别墅与贫民窟相对而立。在富丽堂皇的高级酒店或高科技中心不远处，或许就是嘈杂拥挤的村庄。

米娜和多多听了路易斯大叔的讲解，终于对面前这个城市有了初步的了解。

雅加达的历史讲完了，他们也终于到达了提前订好的宾馆。在宾馆外面，有许多卖水果的小摊，包括榴莲、山竹、椰子、芒果、红毛丹、番荔枝、蛇皮果等热带水果，价格十分便宜，多多和米娜分别买了一些。来到宾馆房间，两人就开始大吃，这里的水果比他们平时吃的热带水果好吃多了。这使得他们下定决心，趁着在印尼的这段时间，一定多吃水果！

第2章

来到莫迪卡广场

　　三个人在宾馆休息了一会儿，他们等待的向导来了，他是路易斯大叔那位来印尼观光过的朋友介绍的。几个人简单地商量了一下，决定先去市中心的莫迪卡广场，那里有一座民族英雄纪念碑，是为了纪念印尼独立革命战争的胜利而建的，所以又被称为"独立广场"。

　　因为他们住的宾馆离莫迪卡广场不远，所以他们决定步行过去，还可以顺便看看雅加达的风情。在路上，路易斯大叔说："雅加达终

年炎热多雨，年平均气温达到26.2℃。但人们并不会感觉到特别热，这与雅加达良好的绿化有关。由于这个原因，雅加达还有'绿色珍珠'的美称。"

果然，他们在路上到处可以看到绿茵茵的草地和五彩缤纷的花园。最引人注目的是道路两旁的绿树，犹如撑开了一排排巨大的绿色遮阳伞，遮挡了炎热的阳光，只留下一片片凉爽的树荫。有些地段，树木特别茂盛，道路两边的枝叶交缠在一起，形成了一条绿色通道。

孩子们发现，这些树木大多有着羽毛状的树叶，树冠横着铺展开来，而且微微下垂，浓密阔大又招风。树冠上更是盛开着无数橙红色的花朵，色彩非常鲜艳，远远望去就像绯红的云朵一样，十分美丽。

"这种树叫凤凰树，"路易斯大叔说，"通常在年初开花。咱们来的正是时候，赶上了它们开花的时节。"

穿行在雅加达的街道上，他们对这个城市有了更深刻的印象：在这里，传统与现代、贫穷与富有的对比非常强烈。

远远的，他们就看到了那高高耸立的英雄纪念碑。

现在，他们终于到了纪念碑所在的莫迪卡广场。这是一个非常宽阔的广场，路易斯大叔说它的占地面积有1平方千米，差不多有140个足球场那么大。广场上的人很多，有的坐着休息，有的在散步，有的在放风筝，还有的在摆摊卖东西……

广场四周是茂密的树林和绿茵茵的草地，广场上也有大片的绿草地，草地中间有一些矮小的灌木，被设计修剪成好看的几何图案。在

草地上，特别显眼的是一种巨大的假花，单片花瓣的形状像大喇叭，花瓣外面是绿色的，里面是粉色的，中间高高地竖立着一根柱子般淡黄色的花蕊。

"这是什么花？"米娜问，"很奇特，也很漂亮，但它真有这么大吗？"

路易斯大叔说："这是一种巨型海芋，原产于印尼的苏门答腊岛。花朵盛开时，直径可达到1.5米，高能接近3米！它的俗名是'尸臭花'，因为开花时会散发出腐烂尸体的臭味，特别难闻，所以又被称为'世界上最臭的花'。"

"幸亏这是假花，要不然还不得将人都熏跑了！"多多调皮地说。

在草地中，还有一种像杯子一样的雕塑，也特别显眼。它们由白色大理石雕刻而成，上面有非常精美的花纹。"杯子"四周各雕刻了一个鹰人像，头部像鹰，身子像人，两翼张开，弯腰弓背，似乎要背起这巨大的"杯子"。鹰人像被雕刻得栩栩如生，连翅膀上的羽毛也纤毫毕现。

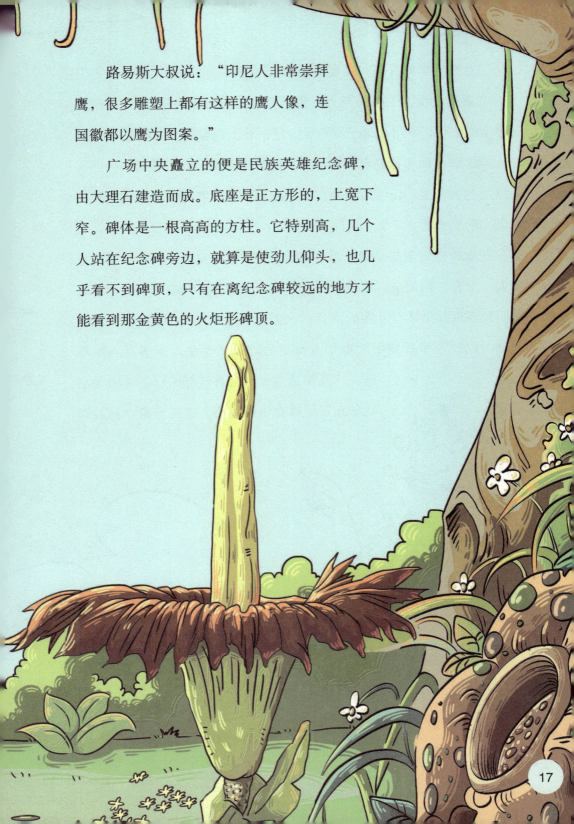

路易斯大叔说："印尼人非常崇拜鹰，很多雕塑上都有这样的鹰人像，连国徽都以鹰为图案。"

广场中央矗立的便是民族英雄纪念碑，由大理石建造而成。底座是正方形的，上宽下窄。碑体是一根高高的方柱。它特别高，几个人站在纪念碑旁边，就算是使劲儿仰头，也几乎看不到碑顶，只有在离纪念碑较远的地方才能看到那金黄色的火炬形碑顶。

"这座纪念碑真高，得有100多米吧？"多多问道。

"说得没错。"路易斯大叔说，"这座纪念碑高达137米，碑顶是镀金的火炬，共用了35千克黄金，是世界上独有的'金塔尖'。"

纪念碑前面不远处有一座女英雄的青铜雕像，女英雄骑在一匹前蹄腾起的骏马上，正迎风而驰，身上的衣服被风吹得向后飘动，英姿飒爽，动感十足。

纪念碑四周全都是刻有浮雕的墙，其中人物众多，内容丰富，有军人、学者、运动员、渔民，还有飞机、大炮等。其中有一处浮雕，很明显表现的是体育方面的内容：一个环形的体育场，一个巨大的羽毛球，以及一个挥舞羽毛球拍击打羽毛球的运动员。多多高兴地嚷道："我知道为什么会有这样的浮雕，因为羽毛球在印尼体育中占有相当重的分量，而且印

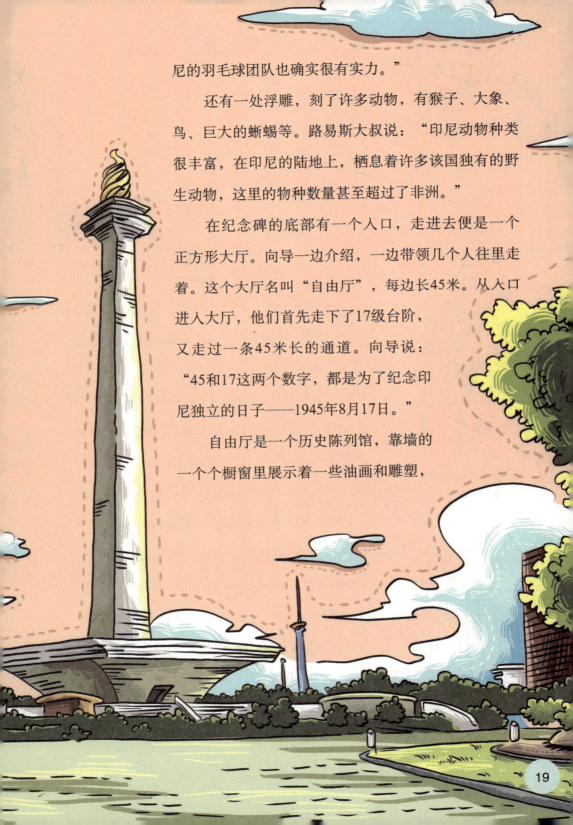

尼的羽毛球团队也确实很有实力。"

　　还有一处浮雕，刻了许多动物，有猴子、大象、鸟、巨大的蜥蜴等。路易斯大叔说："印尼动物种类很丰富，在印尼的陆地上，栖息着许多该国独有的野生动物，这里的物种数量甚至超过了非洲。"

　　在纪念碑的底部有一个入口，走进去便是一个正方形大厅。向导一边介绍，一边带领几个人往里走着。这个大厅名叫"自由厅"，每边长45米。从入口进入大厅，他们首先走下了17级台阶，又走过一条45米长的通道。向导说："45和17这两个数字，都是为了纪念印尼独立的日子——1945年8月17日。"

　　自由厅是一个历史陈列馆，靠墙的一个个橱窗里展示着一些油画和雕塑，

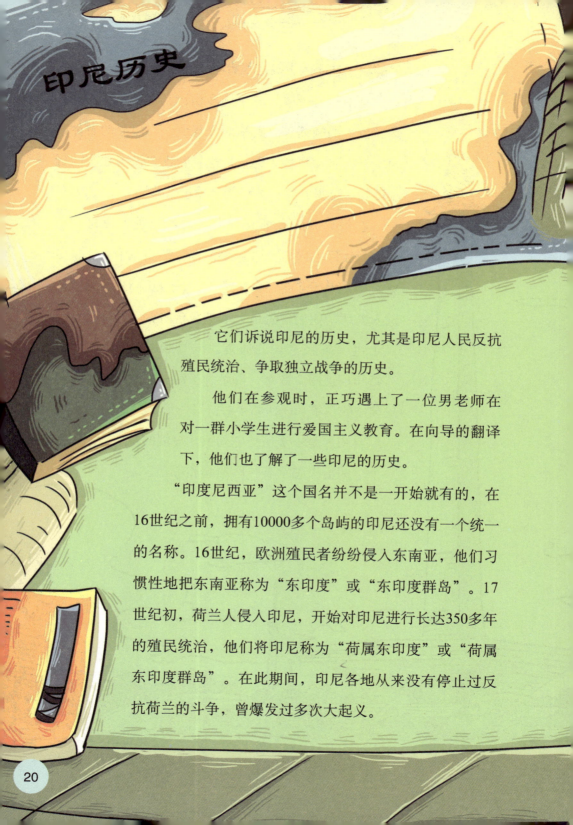

印尼历史

它们诉说印尼的历史，尤其是印尼人民反抗殖民统治、争取独立战争的历史。

他们在参观时，正巧遇上了一位男老师在对一群小学生进行爱国主义教育。在向导的翻译下，他们也了解了一些印尼的历史。

"印度尼西亚"这个国名并不是一开始就有的，在16世纪之前，拥有10000多个岛屿的印尼还没有一个统一的名称。16世纪，欧洲殖民者纷纷侵入东南亚，他们习惯性地把东南亚称为"东印度"或"东印度群岛"。17世纪初，荷兰人侵入印尼，开始对印尼进行长达350多年的殖民统治，他们将印尼称为"荷属东印度"或"荷属东印度群岛"。在此期间，印尼各地从来没有停止过反抗荷兰的斗争，曾爆发过多次大起义。

为了摆脱"荷属东印度"这一屈辱的名字，1922年，一批在荷兰留学的印尼学生正式提出以"印度尼西亚"作为国名。从此，印度尼西亚便作为国名被广泛使用。1945年8月17日，印尼宣布独立，并正式采用"印度尼西亚"作为国名。之后，荷兰人还企图恢复对印尼的殖民统治，印尼人与之进行了坚决的斗争。直到1963年，印尼人才从荷兰手中收复了所有土地，彻底实现了国家的独立和统一。

听完这位老师的讲解后，他们一行人乘着电梯来到纪念碑顶部，在上面吹着凉爽的风，观看雅加达的全景，遥望远处的海，俯瞰林立的大楼，那种感觉真是奇妙极了。

从碑顶下来，经过广场东南角时，他们看到那里有一组青铜铸造的群马雕塑，群马奔腾，马鬃飞扬，奔放飘逸。群马拉着一辆战车，战车上站着两个战士，他们操控着战马，似乎要前去作战。向导说，这组雕塑是根据《摩诃婆罗多》史诗中的故事情节塑造的。

在独立广场周围，有许多有名的建筑，西侧有著名的国家博物馆和国防部大院，东北方有印尼最大的清真寺——伊斯蒂赫拉尔清真寺。路易斯大叔一行三人的旅程就此开始了。

《摩诃婆罗多》

  《摩诃婆罗多》是古代印度最著名的一部史诗，共有18篇、2109章。在世界文学宝库中，这样的长诗非常少见。它的中心故事是婆罗多家族中俱卢王一族与般度王一族争夺王位的斗争。俱卢王有100位王子，以长子难敌为首；般度王有5位王子，以坚战为首。俱卢王最初十分强大，却是邪恶的代表。而般度王的坚战则是仁慈的化身，是维护正义的英雄。最终正义战胜了邪恶，俱卢王一族全部战死，般度王一族取得胜利。

第3章

大象守卫的博物馆

位于独立广场西边的国家博物馆是一座欧式的两层建筑，外面几乎全是白色，在绿树的掩映下，特别显眼，一面红白两色的印尼国旗高高地悬挂在博物馆上。

路易斯大叔说："印尼的这座国家博物馆有100多年的历史，原本是荷兰人在1778年建造的，有着浓浓的古老欧洲色彩。1868年，作为印尼的国家博物馆，它正式对外开放。它的规模和藏品数量虽然比

不上世界其他大型博物馆，但在东南亚，它是最大的博物馆，收藏的文物包括了印尼的考古、历史、宗教和民族等各方面珍贵的遗产，所以很值得一看。"

　　路易斯大叔他们三个人在向导的带领下向国家博物馆走去。在博物馆门前庭院的草坪上，摆放了几架古老的铜炮。在博物馆大门的正前方，有一个小小的水池，中央高高矗立着一尊青铜铸的大象。大象脚下踩着白色大理石的基座，上面雕刻了精美的花纹。大象高高地站立在基座上，威风凛凛，似乎在守卫着身后的博物馆。

　　路易斯大叔说："1817年，泰国国王朱拉隆功在访问印尼时，赠送了这尊大象。因为这尊大象，印尼人把这个博物馆亲昵地称为'大

象博物馆'，或是'象屋'。"

当他们去买门票的时候，发现门票便宜得令人吃惊，成人票还不到10美分，儿童票就更便宜了。多多惊讶地说："这不是跟免费参观差不多嘛！"

一走进博物馆，他们便觉得里面十分闷热，竟然没有空调！忍着闷热，他们首先走进了民族展馆，进门就是一幅印尼群岛的模型图，上面有各民族的人物头像，从图上可以清楚地看出印尼各民族分别居住在哪个岛屿上，说什么语言，生活状况又是怎样的。

"印尼的岛屿多得数不清，"米娜惊叹道，"还有这么多不同的民族，比中国的56个民族还要多得多！"

路易斯大叔说："印尼是世界上岛屿最多的国家，有'千岛之国'的美称，实际上岛屿数量远远超过1000个，不过也不是数不清的。1997年1月，印尼国家测绘局经过核实后，宣布印尼全国的大小岛屿共有17508个，其中已经有名字的有5700个。它们分布在赤道两侧，就像'镶嵌在赤道线上的一串翡翠'。

"这些岛屿互不连接，岛上往往比较封闭，所以就形成了很多民族。印尼共有300多个民族和分支，他们所说的语言也特别多，共有500多种。印尼的国语是'印度尼西亚语'，不过从图上可以看出，使用爪哇语的人最多，因为很多岛屿还没有被开发，岛上的民族一般仍生活在原始社会阶段。"

再往里是一些展柜，展示了印尼各民族的一些图片，以及他们使用的物品和一些文化艺术品：有原始民族打猎用的箭、捕鱼用的船、装饰用的羽毛头冠等。还有女人戴的首饰，它们并不是用金银或宝石制成的，而是用动物的骨头、贝壳、木头制成，样子奇特而古朴。

当然，这里少不了爪哇岛著名的皮影和木偶。那些用兽皮或纸板做成的人物剪影非常精致，人物身上色彩斑斓的衣服和佩戴的首饰都制作得惟妙惟肖。人物的样子非常奇特，而且大多看起来很凶恶。

米娜忍不住说："他们的样子太凶了！"

民族展馆中，最引人注目的是一个褐色的木制大舞台，上面摆着各种乐器，大多数乐器看起来很奇特，多多和米娜，甚至路易斯大叔都不知道那些都是什么乐器，更不知道它们是怎样演奏的了。

在史前展馆，他们看到了30万年前爪哇猿人的头骨化石，还有一幅大型的画：在一片旷野中，赤身裸体的一家三口爪哇猿人正在制作简单的工具，父母坐在地上认真工作，孩子则站在一旁。这幅画中的猿人形象非常逼真，多多和米娜站在画前好奇地看了好一会儿。

路易斯大叔说："印尼人的祖先大概是从亚洲大陆，顺着马来半岛，然后乘船来到印尼群岛的。在几千年的发展中，印尼深受古印度文明和中国黄河流域文明的影响。"

走进建筑模型展馆，他们看到了房屋模型，虽然大小、样式有所不同，但都具有一个相同的特点：坡形的屋顶上面覆盖着茅草。

　　路易斯大叔说："这是当地的吊脚楼，非常实用。因为印尼属于热带雨林地区，经常下雨，这样的吊脚楼既可以防潮、防蚊虫，还非常清凉通透。"

　　在金银器展馆里，展示了许多金银饰物，大多制作得非常精美，还有一些项链、手镯等表面已经被氧化，看起来有些发黑，让金银原本美丽的光泽大打折扣。这些金银器大多被放在棕色的古老木柜中，与木柜一起散发出老家具特有的陈旧气味。

　　当他们走进陶瓷展馆时，看到玻璃橱柜里那些丰富多彩、琳琅满目的陶器，都不禁惊讶地瞪大了眼睛。这里的陶瓷除了各式各样的碗、碟、罐、酒杯和酒壶等，还有数十个大瓮缸，这些大缸足以容纳一个小孩子。它们大多是中国唐、宋、明、清时期的陶瓷，甚至有些商周时期的瓷器，非常珍贵。

对陶瓷颇有研究的路易斯大叔一边兴致勃勃地观看着，一边为多多和米娜介绍着："这里有唐代陶水瓶、菊花瓣纹的宋代青瓷、明代的青花麒麟官窑……还有越南的红花瓷、泰国的青纹瓷、日本的荻烧陶瓷……真是太美了！"

路易斯大叔在一个橱柜前停了好久，他所看的是一件中国西汉时期的陶制博山炉。圆形的炉盖耸起，犹如层峦山峰，其间还隐约闪烁着银色光辉。炉身呈黄绿色，点缀着斑驳的红褐色。

多多和米娜都走了过来，路易斯大叔激动地说："像这种造型的博山炉，应该是中国古代贵族使用的奢侈品，无价之宝哇！你们看这个香炉旁边的介绍，它是在苏门答腊岛西部出土的，已经有大约2000的历史了，年代大约在公元1—2世纪。在2000年前，它到底是怎么远渡重洋来到这里的呢？难道说，中国人在2000年前就到过苏门答腊岛？"

他们在博物馆内转了半天之后，便来到博物馆的天井。天井的中间是一片草地，四周的走廊上支撑着一排石柱，石柱顶端都有一个像狮子头的兽首。这里也是古代雕塑的展览区。在天井的中央和两边的走廊上，摆放着各式各样的石头雕像，其中很多是大象的雕像。雕像中有许多是残缺不全的，为这些文物平添了些许古朴和沧桑。

天井的一角，静静地坐着婆罗浮屠风格的佛像，左脚盘放在右腿上，右脚则盘放在左腿上，线条简约，却肃穆庄严；正对着游人的是印度教中的毁灭之神湿婆雕像，她下面的基座还镶嵌着一圈骷髅；天井的中央，安卧着湿婆神的坐骑神牛，神态安详温顺；走廊上堆放着刻有《古兰经》的石碑，上面的字迹已有些模糊……

当他们观看湿婆雕像时，米娜发现湿婆的膝盖上竟然有一道深深的凹痕，光滑可鉴，很明显是后来刻划上去的。米娜说："谁这么大胆，竟然敢破坏文物！"

"这不是人们有意破坏的。"向导说，"在湿婆雕像还没被发现

之前，它的整个身体是埋在地下的，只有左腿露了出来。在田间劳作的农民无意间发现了它的左腿，他们并不知道这属于佛像的一部分，还以为它只是一块普通的石头，有时候镰刀或锄头等用得钝了，便在上面磨刀，天长日久，在这尊佛像的左腿上便磨出了这道凹痕。你们瞧，在佛像左腿下面的基座上，还有4个大小不等的圆形坑，据说这是因为农民在上面研磨草药或舂米造成的。”

这时，路易斯大叔忽然大发感慨："太可惜了！这些雕像完全暴露在户外，没有做必要的保护措施，任凭风吹日晒。就这样被岁月剥蚀下去，不知道那些已有些模糊的《古兰经》，还剩下多长时间能让人辨认出来？”听到这些，多多和米娜也都深感惋惜。

博山香炉

博山香炉又叫熏炉，西汉时期人们常把龙脑、苏合等香料点燃后放进这种器具，然后用来熏香，可以将衣服、被褥上的异味儿熏走，并让它们沾染上香味。

"博山"是神话传说中的海上仙山。博山香炉上有4个小洞，顶盖制成数个山峰的形状。当香炉内焚烧香料时，烟气便从镂空的"山中"袅袅生起，并缭绕在山峰间，香气袭人。所以，博山香炉也有"登天成仙"的意味。

第4章

印尼的缩影公园

在距雅加达市区东南方10千米的地方，有一个很大的公园，占地面积有1.2平方千米，这里浓缩了印尼全国的岛屿山川、都市港口和名胜古迹，还种植了当地特有的植物，就连印尼的风土人情也全部展现出来了。只不过它们只是印尼的缩影，而这个公园的名字是"美丽的印度尼西亚缩影公园"，简称"缩影公园"，很多人喜欢叫它"迷你公

园"。

1971年，当时的印尼总统是苏哈托，他的夫人提议，以缩影的形式展示全国的文化传统和习俗。1972年7月，公园正式破土动工，到1975年4月20日落成，它成为世界上第一个介绍国土知识的缩影公园。公园开放后，很快就成为印尼的一个著名旅游景点。

坐在汽车上，多多和米娜听着路易斯大叔和向导的介绍，都不由得好奇心大起，迫不及待地想看到这个独特的公园。

汽车终于停在了公园的大门前。这个公园的大门造型非常奇特，而且富有艺术性。它由4根方柱支撑，每两根方柱之间撑起一个尖顶形的门头，呈暗绿色，上面有祥云花纹。门头中间用红色勾勒出一个

凶恶的怪兽的头。从大门处向公园内望进去，可以看到里边有很多绿树和草地，还有一些房屋建筑掩映在绿树之中。

一走进大门，他们首先看到了一个高大的火炬纪念碑，碑体白色，碑顶是金、黑两色的火炬。纪念碑上写了几个印尼文，向导说这代表印尼建国的五项原则，即信仰上帝、人道主义、民族主义、民主和生活公平。

在正式游览之前，路易斯大叔说："公园里一共有40多个景点，包括了印尼27个省的景观、文化和建筑。如果想一一参观，就算用一整天的时间也远远不够，所以我们只能有重点地选择，很多地方，比如说我们即将要去观光的地方，就只好走马观花了。"

为了方便游人参观，公园里提供了不少交通工具，有空中缆车、小火车、马车和自行车。在多多和米娜这两个好奇孩子的带动下，他们将所有的交通工具都尝试了一遍。

当他们坐在空中缆车上，多多和米娜兴奋得大叫起来。在公园中央有一个人工湖，放眼望去，整个"千岛之国"的景色一览无余，在辽阔的"汪洋大海"中，数以万计的美丽岛屿自东向西，像一颗颗翡翠镶嵌在海洋之中，组成了一幅非常美丽的画卷。岛上葱茏的绿树、繁华的城市、涓涓的河流、雄伟的山脉，全都惟妙惟肖。

多多和米娜时而惊叹，时而感慨，还不断让路易斯大叔帮他们找到巴厘岛、爪哇岛和苏门答腊岛等有名的岛屿。

他们回到地面，骑着自行车去参观人工湖南边的27个省的展馆，

孩子们吃惊地发现大部分建筑和人物都是泥塑的，也有石刻和木雕的。在每座房屋和院落之中，都有许多泥塑的人物和鸟兽，栩栩如生，大小和真的一样。这些塑像形形色色，千姿百态，那战斗的武士、活泼的孩子、劳动的人们、奔腾的骏马、飞翔的鸟儿……将印尼人的生活鲜活地展现出来。

多多惊叹道："我从来没有见过如此多的泥塑，这应该算得上是印尼泥塑艺术的大全了吧。"

在这里，他们可以看到金碧辉煌的宫殿和肃穆庄严的宗教建筑，然而让他们更感兴趣的是一些传统民居。这些民居大多是用茅草盖的

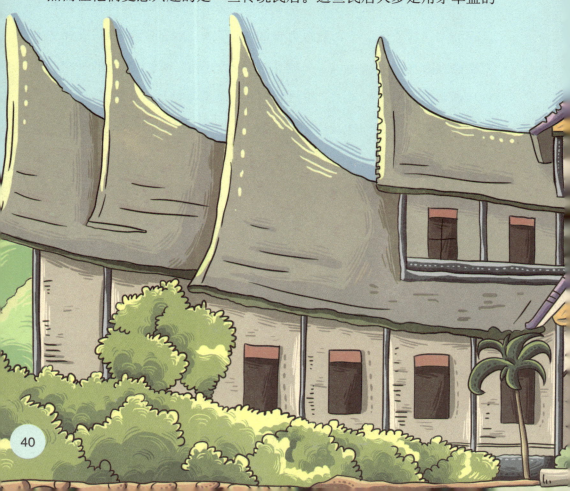

房子，但造型独特，样式繁多，非常美观。

印尼人似乎特别喜欢在房顶上做文章，有圆顶、尖顶、方顶、梯形顶，还有不规则的房顶，应有尽有，显示着各自的美妙姿态。

在这些民居中，有一种看起来特别雄伟的房屋，房脊从两端向中间凹陷，两端高高翘起来，远看像展翅欲飞的雄鹰，而翘起的部分则很像尖尖的牛角。

路易斯大叔说："这种房屋是苏门答腊米南加保族最独特的传统建筑，有人叫它'牛角屋'，大的雄壮，小的精巧。在苏门答腊岛，很多房子的房脊上还挂着真的牛角或木雕牛角。房子里每增加一代人，人们就在房顶上增加一对牛角，所以房顶牛角的数量还能说明这

个房屋里住了几代人。"

　　米娜对一种样子特别像船的房屋最感兴趣。房子是用竹子建造的，有五六米高，最下面一层用木头支起来，房屋底部并不与地面接触，门前设有梯子，这应该是为了防潮、防野兽的。它的墙壁上画着繁复而精美的花纹。房顶两端也是翘起来的，但并不是尖锐的。

　　"这是南苏拉威西的船形屋。"路易斯大叔介绍道，"苏拉威西岛在印尼的东部，岛上有一个高山地区叫塔纳朵拉查。大约1000多年前，当地人的祖先从中国南方乘船来到这个岛，一开始他们住在靠近海岸、地势比较低的地方，后来慢慢迁移到塔纳朵拉查。他们到达岛上后，就模仿搭载他们飘洋过海的船，将自己的房屋建造成船的样子，并一代一代地流传下来。

　　"你们瞧，船形屋的门前悬挂着一个木质十字架，这是表示塔纳

朵拉查人来自四面八方。在十字架上悬挂着的是水牛角，数量的多少表示这家人的富裕程度，数量越多就越富裕。房屋外墙上的图案是用黑、红、白、黄4种颜色描画出来的，分别代表头发、血液、骨头和灵魂。"

公园里的花鸟虫鱼又引起了米娜和多多的兴趣。在巨型的铁丝鸟笼里，饲养着一些珍贵而美丽的鸟儿，其中最美丽的是天堂鸟。它们体态优雅，身上披着五彩斑斓的羽毛，尾羽硕大而艳丽，当它偶尔飞翔时，尾羽展开，就像天上的彩霞，流光溢彩，非常漂亮。

"天堂鸟是印尼的国宝，"路易斯大叔说，"就像中国的大熊猫一样，属于珍稀动物，已经濒临绝种。印尼人还

相信，天堂鸟是来自天国的神鸟，会给人们带来幸福和祥瑞。"

　　而天堂鸟似乎也确实有神鸟的骄傲，尽管有许多人逗弄它们，想让它们展翅飞翔，但它们绝大多数时候只是静静地站在树枝上，神态骄矜。多多试图喂它们好吃的食物，它们也不屑一顾。这让多多很不满，路易斯大叔却说："其实它们不是傲慢，只是生性害羞，胆小罢了。"

　　科莫多馆里饲养的科莫多巨蜥也是一种非常珍稀的动物，它们浑身灰扑扑的，长着鲨鱼似的锯齿状牙齿，不时地吐着长长的前端分叉的舌头，样子非常恐怖。它们拖着长长的尾巴，用粗壮的短腿慢悠悠地爬着，看起来很笨拙，可是当饲养员给它们喂肉时，它们立即争抢起来，动作迅速而凶猛。看到多多不停地往前挤，倾着身子往下看。旁边的管理员忙把他拽回来，并大声提醒大家："大家千万要注意安

全，别往前挤，万一掉下去，会没命的！"

在公园里，还有许多专门为小孩子准备的娱乐场地，比如少年宫、儿童乐园、水上乐园等，那里有不同国家的孩子在嬉戏玩耍。多多本来想去玩个痛快，但路易斯大叔不同意，他认为这样的娱乐设施在哪里都能玩，大家应该把时间用在参观当地特有的东西上。

这时，忽然下起雨来。多多只好跟大家走进公园大门一侧的"金蜗牛"电影院。影院的外形很奇特，看上去像一只金色的蜗牛。

一走进这家电影院，多多和米娜便惊呼起来："好大的电影院！"

"这家电影院占地有600平方米，"路易斯大叔说，"里面一共有800个座位，它的银幕也是世界上最大的一个。这里不像普通电影院用来放映普通电影，而是专门放映介绍印尼风俗习惯、历史地理经

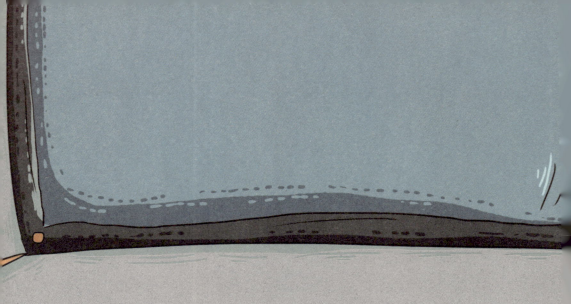

济文化的纪录片的。"

　　当纪录片开始放映时，虽然多多他们坐在观众席上，却感觉自己一会儿在乘飞机穿越印尼的大峡谷，一会儿在俯瞰喷射熔岩和灰烬的火山，一会儿又行走在热带丛林中，一会儿又在大海中与风浪搏斗……他们还看到了伊里安人的狂欢、巴厘人的葬礼、马都拉人的赛牛、爪哇人传统的结婚盛典……他们不由得感慨，印尼各民族的风土人情是如此的不同，却又都是妙趣横生，别开生面。

科莫多巨蜥

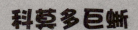

　　科莫多巨蜥是现在世界上最大的蜥蜴，长度可以达到3米多，重量可以达到130多千克，比人重得多。它们生活在爪哇岛的热带丛林中，是那里最凶猛的食肉动物。科莫多巨蜥也是一种非常古老的动物，与恐龙同时代，所以它们又被称为科莫多龙。现在它们已经濒临绝种，受到印尼政府的重点保护。它们的唾液中含有很多细菌，而且下颚发达的腺体还能分泌致命的毒液，如果有动物被它咬到，即使当时能侥幸活着，在3天之内也会因细菌和毒液感染而死亡。

第5章

世界雷都

当路易斯大叔等人乘坐汽车进入西爪哇省的茂物市时，刚好是正午时分。他们走下汽车，只见天上飘着几块白云，阳光灿烂明亮。多多奇怪地问："这里不是热带吗？可我觉得一点儿也不热，真是凉快，好像装了一部大空调一样。"

他的话刚说完，突然"轰隆"一声，巨大的雷声响起，接着便是雷声阵阵，天上的乌云也迅速聚集起来，很快将太阳遮住，天色立即

变得阴沉沉的。

"快上汽车，"向导催促道，"马上就要下雨了！"

路易斯大叔和米娜赶紧钻进汽车，多多却说："车里太闷了，我再享受一下外面的清凉。而且你们看，很多人没急着往回跑，说不定不会下……"

他的话音还未落，豆大的雨点便噼里啪啦地砸了下来。多多几乎站不住脚，忙不迭地往汽车里钻，但身上已被淋湿了。再看那些来不及赶回去的人，早已被淋透，很

多游客都慌慌张张地找地方避雨。当地人却并不慌张，似乎已经见惯了这种情形。那些小孩子们更是欢快地跑来跑去，在雨中嬉戏起来。

"茂物真不愧是'世界雷都'和'世界雨城'。"路易斯大叔说，"茂物号称是世界上打雷和下雨最多的地方，几乎每天下午都会下一场雷雨，一年中大概有330个雷雨天。"

"每天都打雷下雨，在这里生活也太不方便了。"米娜说。

"这确实给茂物人带来了不少麻烦，"路易斯大叔说，"但带来的好处也不少。如此频繁的雷雨，再加上茂物地势相对比较高，所以茂物不但空气清新，而且天气不冷不热，终年气温都在25℃上下，气候宜人。

"早在12世纪，茂物就是巽达王国的首都。荷兰人对印尼进行殖民统治时，厌倦了雅加达的炎热天气，纷纷来到距离雅加达大约

60千米的茂物避暑，荷兰总督还把他的总督府迁到了这里。现在，印尼总统将原来的荷兰总督府当成了自己避暑的行宫，时不时会过来住住。另外，茂物还是印尼举办国际会议的常备会场。因此，外国人将茂物称为'雅加达的后花园'。"

这场雨来得猛去得快，当他们在当地找到宾馆住下时，雷雨已经停止了。宾馆的房间里并没有安装空调，也没有风扇，但路易斯大叔他们感觉非常凉爽，甚至感到一丝丝凉意，自来水管里流出来的水也冰凉冰凉的。向导提醒大家，晚上睡觉时要记得盖上薄被子，以免着凉。

透过窗户，他们看向外面，由于宾馆的地势比较高，可以看到茂物市的大半景色。茂物城沐浴在金色的阳光下，雨后的绿叶显得青翠欲滴，一层薄薄的雾气弥漫在城市上空，使它有如仙境一般。远处的山腰上，那丝丝缕缕的白云似乎给它缠上了一条美丽的纱巾，如诗如画。城市里到处都是郁郁葱葱的树木，房屋建筑都比较低矮，几乎被笼罩在绿树之中。

路易斯大叔说："当地人常说'雷电专打出头鸟'，为了防雷，他们故意将房子建得很矮，大多数房子只有一两层，3层以上的房屋很少见。而且房屋屋顶都特别陡，这是为了让雨水快速排走。"

他们要在宾馆好好休息一晚，养足精神，因为第二天一早，他们要去世界上最著名的热带植物园之一——茂物植物园。

第6章

茂物的热带植物园

茂物植物园位于茂物市中心，建于1817年5月，原本是荷兰人修建的。根据路易斯大叔的介绍，多多和米娜知道了这里种植的植物大约有1.5万种，除了印尼各地的植物，还有许多从世界其他地方引进的植物，里面的热带植物应有尽有。此外，植物园里还保存了50多万种植物的标本。

植物园的铁门大开着，游人络绎不绝地往里面走去。铁门两边各有一个白色的高大门垛，上面都有一个拱形的、向里凹进去的佛龛，里面有一尊人身象头的石像。石像雕刻得非常精致，它大腹便便，有着长长的、带有皱褶的象鼻，两肩各有一个骷髅头。奇怪的是，它只有一根象牙，却有4条手臂，两条手臂垂在腰部，手上各托着一个方形物品。另两条手臂举在头部两侧，一手拿着一条念珠，一手拿着一把斧头。

　　"这石像看起来好丑、好狰狞。"米娜说。

"这是象头神，"路易斯大叔说，"它是印度教所信奉的'智慧之神'。放在这里，大概是想启迪来参观的游人用智慧去探索植物园的奥秘。"

他们走进植物园，顺着一条十几米宽的林荫大道往里走。大道两旁的山坡上种满了千姿百态的绿树，沿着山坡缓缓伸展开来。像巨伞一样的树冠在大道上方纠缠交结在一起，将灿烂的阳光遮挡住。透过树叶间的缝隙，些许阳光透射下来，在大道上形成一个个斑驳的光斑。人走在大道上，一点儿都不觉得晒，感到非常凉快。

在这里，参天的古木有很多，郁郁葱葱，遮天蔽日。有的大树又粗又壮，至少要四五个人才能合抱得过来。

在多多等人看来，这里的树木都非常奇特，很多树木的根都露在地面上，就像巨大的三角板一样，将一棵高达数十米的大树支撑起

来。路易斯大叔说："这是热带雨林特有的一种树根，名叫板状根，它可以更有力地支撑地上的树干部分。"

他们发现，有的板状根在地面上有十几米高，像光滑的木板一样，而且厚薄均匀；在这些高大的树木之间，还缠绕着许许多多的藤蔓，有的纤细如丝，有的像碗口般粗大，有的比树干还粗，它们缠绕在树身上，努力往上爬，一直爬到树顶；还有一些藤蔓类的植物直接就将根扎在树干、树枝，甚至树叶上，靠吸收树的营养为生，它们的存在使树林变化无穷，婀娜多姿……根据路易斯大叔所说，因为热带雨林里植物生长旺盛，为了争夺更大的生存空间和更多的阳光，所以就产生了这些奇特的现象。

在这些树木上，大多都挂着一块小牌子，上面写着拉丁文和印尼文，介绍了树木的学名和产地。这里有高大挺拔白橄榄树，有上下一样粗的槟榔树，还有乌黑色的铁木树……

因为著名的芝里翁河流经植物园内，所以这里有许多池塘、人工湖和水渠，将植物园装点得更加优美。在一处清澈的湖面上，许多漂亮的水鸟在里面嬉戏，而那些睡莲则静静地"站"在湖水中，十分优雅，它们共同构成了一幅动静皆宜的画面。

在一个小池塘里，他们还看到了著名的王莲。王莲那巨大的莲叶边缘向上卷起，犹如一个个漂浮在水面上的翠绿色大玉盘。它的花虽然比一般的莲花要

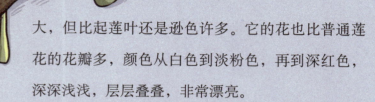

大，但比起莲叶还是逊色许多。它的花也比普通莲花的花瓣多，颜色从白色到淡粉色，再到深红色，深深浅浅，层层叠叠，非常漂亮。

路易斯大叔说："王莲原本生活在南美的亚马孙流域，它的叶片的直径可以达到3米以上，平铺在水面上，具有很大的浮力，一个小孩坐在上面也不会沉下去。"

在植物园里，他们还看到了许多奇花异草，尤其是随处可见的各种各样的兰花，奇特、珍贵、绚丽，让人惊叹。其中最让人难忘的是巨兰，它的茎很高，高达三四米，它那巨大的花穗上开满了兰花，看样子有一两百朵。花的颜色为黄中带淡青，还有棕色斑点。

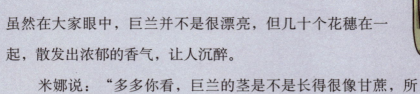

虽然在大家眼中，巨兰并不是很漂亮，但几十个花穗在一起，散发出浓郁的香气，让人沉醉。

米娜说："多多你看，巨兰的茎是不是长得很像甘蔗，所以它还被叫作'甘蔗兰'呢。"

在这里，他们还看到了著名的尸臭花，可惜花已凋谢，只能看到刚长出的嫩芽。向导说，要想看到它下次开花，要等到三年后。

最令人叹为观止的是大王花。大家看到大王花后都不由得惊呼出声，世界上竟然有如此巨大的花！它没有茎，也没有叶子，只有一朵巨大的花，花的直径竟然有1米多！它有5片又厚

又大的花瓣，花心像个大面盆。整朵花呈鲜红色，上面有一些白色的斑点，看上去绚丽壮观、雍容华贵。路易斯大叔告诉米娜和多多，大王花是世界上最大的花，仅花瓣的重量就能达到六七千克，花心里可以装进去七八千克水！

参观完植物园那些奇特的花草树木之后，他们来到植物园旁边的总统避暑行宫。高大的宫殿前面有一个人工湖，里面种着睡莲，有时会出现几只嬉戏的水鸟。行宫和人工湖之间则是一片非常平整的大草坪，竟然有许多梅花鹿在草坪上悠闲地吃草。四周古树参天，白色的行宫就掩映在绿树之中。

总统行宫有着欧洲古典式的前庭，两侧是对称的敞廊，正中有一座金色、圆顶的塔，主楼门前还有8根白色圆柱。在主殿大门上方的正中间，挂着一个金色的印尼神鹰国徽。整座行宫的颜色几乎全是白色，路易斯大叔说："这座宫殿被称为'印尼的白宫'。你们看，是不是很有美国白宫的样子呢？"

几个人都点了点头。多多说："各有千秋，但都很美。"

　　行宫前面的草坪上还竖立着一根白色石柱，上面有一个巨大的手掌雕像，一个人的铜像站立在"手掌"上，仰首望天。

　　行宫前面有警卫把守，一般不对外开放，这让大家感到非常遗憾，只能听路易斯大叔遗憾地说："我听说，行宫里收藏了200多幅名画，其中包括中国著名画家齐白石在1955年画的一幅仙鹤图，还有徐悲鸿1947年画的一幅骏马图。可惜我们看不到了！"

　　在路易斯大叔遗憾的叹息声中，他们离开了这座美丽的植物园，然后前往下一座城市。

大王花

　　大王花生长在东南亚的热带雨林中，是世界上最大的花。比较奇特的是，它没有茎，没有叶，没有根。它寄生在像葡萄一类的植物的根茎上，靠吸收它们的营养存活。它一生只开一次花，而且只开短短的4天。刚开花时，有一点儿香气，之后就会散发出恶臭味。喜欢香味的蜜蜂、蝴蝶等对它避而远之，而喜欢臭味的苍蝇、甲虫等昆虫却被吸引而来，为它授粉。4天过后，大王花开始凋谢，叶片脱落，颜色慢慢变黑，最后变成一滩粘稠的黑色物质。

这一天，路易斯大叔等人乘坐汽车从茂物出发，赶往130多千米之外的万隆。沿途的公路两旁，是一片片广阔的田野，绿油油的水稻长势喜人，当有风吹来，它们便会涌起阵阵绿色的波浪，颇为壮观。往远处望去，青山连绵，红色屋顶的民居掩映在绿树丛中，袅袅的炊烟升起，构成一幅优美的田园风光画。看着美丽的景色，几个人都觉得耳目一新，十分惬意，丝毫没

有旅途中常有的劳累和无聊。

在快到达万隆时，路易斯大叔说："万隆的古称是'勃良安'，意思是'仙之国'。它位于万隆盆地中，海拔有768米，地势也比较高。它是西爪哇省的省会，也是印尼最美丽的城市，一向有'爪哇的巴黎'之称。早在17世纪，它就成了著名的旅游和避暑胜地。"

经过4个小时左右，汽车终于驶进了万隆。当他们踏上万隆的土地，一阵微风拂过面颊，顿觉凉爽舒适，空气清新。万隆处在一座山顶之上，四周群峰环绕，市内绿树繁茂，繁花似锦，景色非常秀丽优美。这里的绿树非常多，多到几乎遮天蔽日；这里的绿树也非常大，大到能将一幢房子遮蔽在它的树荫之下。

行走在万隆的街道上，路边是一排排民居，红色的屋顶，十

分漂亮。而且不论是贫穷还是富有，这些民居都拥有一个美丽的庭院，里面花草茂盛。这不由得让大家感慨："万隆人的生活真有品味，让人羡慕。"

在一条街道旁边，他们看到了一个女战士的青铜雕像。女战士站立在白色石头的基座上，手握步枪，身穿军服，挺胸抬头，在蔚蓝天空的映照下，英姿飒爽。

虽然万隆被誉为"爪哇的巴黎"，但市中心并不像是一座繁华的大都市，高楼并不多，他们恍惚之间觉得自己似乎走在欧洲的郊外。这里有许多荷兰人留下的百年建筑，那一幢幢白色的漂亮小别墅，有着尖形的房顶、白色的门、白色的窗户、门前摆放着盆栽的鲜花，院

子里的花架上则爬满绿色的藤蔓，盛放的花朵是粉色的，有如云雾般美丽。

"万隆人好浪漫呀！"米娜赞叹道。

"万隆没有以前舒服了。"向导听到米娜的话，遗憾地说，"太多的人从雅加达来到这里，将雅加达的拥挤和喧嚣也带到了这里，越来越多的汽车噪音打破了这里的幽静。"

在向导的带领下，他们来到最繁华的亚非大街，那里有一座乳黄色的三层楼建筑。建筑呈圆弧形，前面整齐地排列着许多旗杆，却没有挂旗子。

路易斯大叔说："这就是著名的亚非会议纪念博物馆，它原来是荷兰殖民者的高级俱乐部，建于1895年。在二战期间，日本占领了万

隆，将这个俱乐部变成了一个文化中心。印尼独立后，它又被改名为
'独立大厦'。1955年4月18日到24日，第一次亚非会议就在万隆举
行，一共有29个亚非国家和地区参加，这就是著名的万隆会议。万隆
因此而闻名于世。"

多多说："当年博物馆前面的旗杆上应该是挂满国旗的吧，参加
会议的人络绎不绝地进入会场，一定非常热闹。"

"应该是这样的吧，"路易斯大叔接着说，"在亚非会议25周年
时，也就是1980年，印尼政府将这里辟为'亚非会议纪念博物馆'。"

走进博物馆大厅，入口处有一个硕大的地球仪，上面特别标注
了印尼的位置。大厅的上方是恢弘的穹顶，白色光芒便从上面投射下
来。大厅里有一个按照万隆会议实景陈设的小礼堂，正前方是一排主
席台，后面是29个国家的国旗，再后面是一个巨大的暗红色帷幕。帷

幕上部正中央还挂着一个巨大的印尼国徽。会议席上整齐地摆放着一排排木椅，椅背和椅座上包着一层红色的绒布。这里的桌椅，包括摄影机等器材，都是当年的原物。

在博物馆的一侧，墙壁上是一些玻璃橱窗，里面陈列着有关万隆会议的由来、筹备、召开状况的一些照片和文字资料。照片都是黑白的，但依然可以清楚地展示出各国领导人的风姿。

从博物馆出来，他们再看万隆时，居然觉得它有了一层庄重的色彩。

这时，天色已晚，华灯初上。向导便让他们好好休息一晚，明天一早去参观神奇壮观的覆舟山，那里有许多活火山。他还说："我们所去的覆舟山，上午天气晴朗，可以清清楚楚地看清它的景观。但是到了下午，却会被雾气所笼罩，就难以看清它的面目了。"

第8章

名副其实的覆舟山

第二天一大早，几个人早早起床，然后乘车赶往万隆市以北36千米处的覆舟山。在到达覆舟山之前，他们还特地下车从远处眺望了一下覆舟山。覆舟山的山体呈扁圆形，形状像一条底朝天、翻倒的大船，大自然的鬼斧神工将它塑造得无比壮观，使它名副其实。

再次上车，路易斯大叔便给孩子们讲起了关于覆舟山的凄美

传说。

在古印尼人心中，覆舟山是一艘小船变成的，而船的主人就是桑古里昂，也就是达央·宋碧公主的儿子。很久很久以前的卡鲁王国王宫里，年青的桑古里昂触怒母亲而被逐出家门，而达央·宋碧公主也因伤心欲绝离开了王宫。时隔多年，桑古里昂打猎途中偶遇一位漂亮女子，两人一见钟情，相知相恋了。但是，就在二人即将结婚的时候，"未婚妻"却发现，心爱的男子原来是自己的亲生骨肉……为了终止这一段不可能的"爱情"，达央·宋碧给桑古里昂出了个难题，那就是：一夜之间堵住大河，化平地变湖泊，同时造好一艘大船，以便泛舟湖上。

桑古里昂不以为然，他很快挖好了大湖造出了大船，本以为爱情

就要修成正果了。当达央·宋碧再次拒绝自己的时候，桑古里昂终于大发雷霆，他一脚将大船踢翻……覆舟山就这样出现了，而他挖成的湖就是万隆湖。

自1829年以来，覆舟山这座活火山已爆发过10次，最近的一次是在1969年。每次火山喷发，当地人就会说，这是桑古里昂怒气难消，他又发脾气了。

当汽车到达覆舟山的山脚，他们就闻到了一阵阵浓重的臭鸡蛋味，这是从火山口散发出来的硫磺气味。汽车一路直上，一直开到山顶的火山口附近，这时臭鸡蛋味更加浓重。山上一共有10座大大小小的活火山，其中旅游设施比较完备的是皇后火山口，旁边建有铁护栏。

皇后火山口虽名为"皇后"，却与皇后的富贵、雍容完全不沾边。火山口寸草不生，而且碎石嶙峋，看上去灰暗恐怖。米娜说：

"这火山口让我背上直冒寒气。我终于知道地狱是什么样的了，就是这样的！"

"嗯，我觉得也是这样的。"多多附和说。

火山口犹如巨兽张开的大口般狰狞，底部积满青色的熔岩，样子很像泥浆。从火山口不断冒出腾腾的白色烟雾，烟雾中隐隐透出蓝色，散发出浓烈的硫磺味。

"这简直就是个毒气洞。"多多说。

在火山口的周围，顽强地生长着一些树木，只是这些树的枝叶大多枯萎，枯枝上冒出些许绿叶，说明它们还是活着的。

火山口的附近，有一条卖旅游纪念品的小街，出售各种用火山石做成的烟灰缸、花瓶、壁挂等纪念品，还有一些印尼特有的工艺品。他们在这里转了一圈，各自选了几样自己喜欢的纪念品。

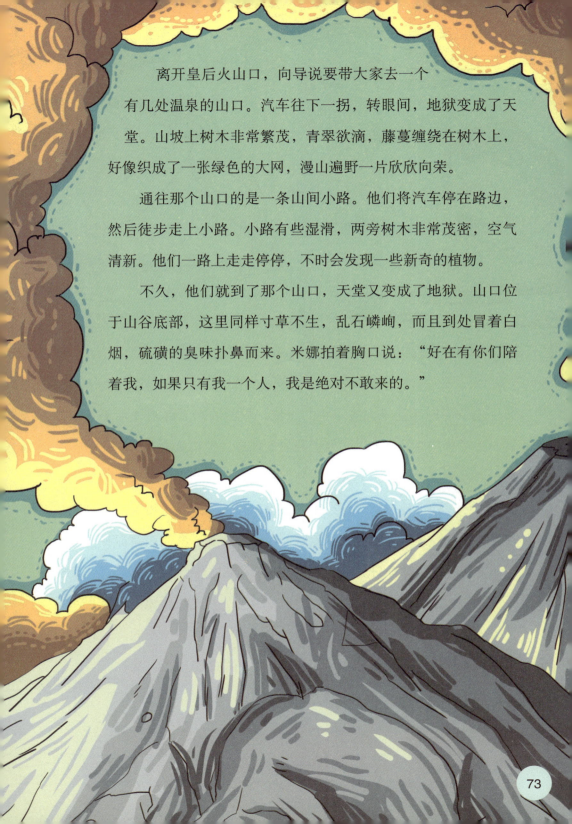

离开皇后火山口，向导说要带大家去一个有几处温泉的山口。汽车往下一拐，转眼间，地狱变成了天堂。山坡上树木非常繁茂，青翠欲滴，藤蔓缠绕在树木上，好像织成了一张绿色的大网，漫山遍野一片欣欣向荣。

通往那个山口的是一条山间小路。他们将汽车停在路边，然后徒步走上小路。小路有些湿滑，两旁树木非常茂密，空气清新。他们一路上走走停停，不时会发现一些新奇的植物。

不久，他们就到了那个山口，天堂又变成了地狱。山口位于山谷底部，这里同样寸草不生，乱石嶙峋，而且到处冒着白烟，硫磺的臭味扑鼻而来。米娜拍着胸口说："好在有你们陪着我，如果只有我一个人，我是绝对不敢来的。"

　　山口周围到处是大大小小的水池，里面的水看起来并不干净。在一个冒着热气的水池里，他们竟然发现有人把鸡蛋放进去煮。而在另一个水池边，一个当地人把脚泡在里面，另一个人则帮他把温泉水往身上擦，还帮他按摩。路易斯大叔说："他一定是在用温泉水做治疗。这里的温泉水里含有大量硫磺，对风湿病和一些皮肤病都有很好的治疗作用。"好奇的多多过去一问，果然如此。

　　他们也脱下鞋子，在水池里泡起来。他们在这个水池泡一会儿，又到另一个水池泡一会儿，发现水池的水温并不相同，有的高，有的低，那个煮鸡蛋的水池是水温最高的，特别烫脚。

　　当他们往回走时，浓雾已经慢慢升起，将覆舟山笼罩起来，灰茫茫的一片，什么也看不清了。

火山

　　从地球表面往下100千米～150千米深的地方的温度非常高，甚至能将岩石熔化成液体，形成炙热的岩浆。岩浆一般被地壳紧紧地包裹住，不会喷涌出来。但如果有些地方的地壳变得薄弱，岩浆就可能会冲出地面，形成火山。火山喷发总会伴随猛烈的爆炸、大量烟尘和炽热的岩浆。火山爆发有无坚不摧的力量，破坏力非常大，能将周围的一切摧毁。那些正在喷发，或现在没有喷发，但以后会喷发的火山，是活火山；而永远不会再喷发的是死火山。

第9章

婆罗浮屠佛塔

中国的万里长城，印度的泰姬陵，柬埔寨的吴哥窟，它们都是世界闻名的历史古迹，堪称古代建筑史上的奇迹。在印尼，也有一个与它们齐名的历史古迹，它就是婆罗浮屠佛塔。这4个历史古迹合起来被誉为古代东方的"四大奇迹"。

此时，路易斯大叔等人的汽车正行驶在乡村田野间，前往中爪哇省的婆罗浮屠佛塔。在路上，路易斯大叔简单地介绍了一下婆罗浮屠佛塔的历史。

"婆罗浮屠"是梵文，意思是"山区上的佛塔"，而这个佛塔确实建造在莫拉比火山的一座山丘上，它号称是"南半球最大、最古老和最壮观的古迹"，每年都会吸引大批游人，是外国游客首选的旅游景点之一。

　　在太阳还未完全升起时，他们一行人就已经进入了婆罗浮屠的景区。在看到佛塔之前，他们首先得穿过一片茂密的树林，里面到处是高大的椰子树，还有一些其他的热带植物。在晨曦中，树林显得朦胧而迷离，似乎蒙上了一层神秘的面纱。

　　穿过树林，他们一眼就看到了那座佛塔。尽管在看见它之前，他们已经知道它是非常宏伟的，但现在亲眼所见，还是让他们感到无比震撼。那是一座巨大无比、极其雄伟的建筑。整座佛塔呈灰黑色，由好几层组成，下面一层最大，从下往上逐层变小，形状好像一个阶梯状的金字塔。在上面有许多

圆钟形的小塔，好似一座茂密的塔林。最上面一层居中的塔最大。婆罗浮屠高高地矗立在山区之上，沐浴在橙红色的霞光中，瑰丽而庄严。

有石阶可以通往佛塔，几个人沿着石阶往上爬。路易斯大叔边爬边说："婆罗浮屠是一座实心的佛塔，既没有门窗，也没有梁柱，完全是由石头建造而成的。佛塔高42米，共有10层……"

"不对呀，我数着是9层啊。" 多多插话说。

"在地面上的是9层，"路易斯大叔说，"还有一层被埋入地下。一会儿你们可以看到佛塔的基座是四方形的，边长有100多米。从第一层到第六层都是四方形的，从第七层到第九层则呈圆形，第十

层就是塔顶了。"

　　几个人登上佛塔的基座，然后沿曲折的回廊绕行一周。基座的大部分被埋入泥土之中，只露出来平台部分。路易斯大叔说："据说在基座上一共有160幅浮雕，描绘了当时人们的生活风貌。在修复婆罗浮屠时，专家们拍了许多照片，但为了保护婆罗浮屠，随后就将基座重新用土埋了起来。"

　　到了第二层方台，他们在回廊的墙壁上看到了许多精美的浮雕。而且一直到第五层方台，回廊墙壁上都雕满了浮雕。路易斯大叔说："这些连续的浮雕，长度共有2500多米，一共有1460幅叙事的浮雕以及1212幅装饰性浮雕。"

　　"古代的人真伟大，制作了这么多精美的浮雕。"米娜感叹说。

这些浮雕的内容分为两部分：一部分描述的是一些佛教故事；另一部分讲述了当时的爪哇人是如何生活的，有捕鱼打猎、耕种放牧的场景，有人们嬉戏玩耍的场景，还有国王和战争等方面的内容。浮雕中的人物、花草虫鱼、飞禽走兽和热带水果等，都被雕刻得栩栩如生。虽然因为岁月的侵蚀，这些浮雕有所损毁，但其精湛传神的工艺，依然让人叹为观止。多多等人一幅幅仔细地欣赏，感觉这些浮雕让人百看不厌。

多多惊叹道："这些石雕构思奇巧，精美绝伦，而且又是如此浩瀚宏大，简直让人无法想象1000多年前的爪哇人是怎么完成这项伟大的工程的。"

"当时的爪哇人实在是勤劳智慧的典范，"路易斯大叔说，"建造婆罗浮屠一共用了200多万块石头，却没有使用任何黏合剂，完全是用切割后的石头堆砌而成的。佛塔经过1000多年的漫长岁月，依然如此宏伟，不能不说它是个伟大的奇迹。"

多多和米娜一听，贴近石头仔细观看，在石头缝隙中果然没有水泥等黏合剂，却依然契合得浑然天成。

在回廊墙壁上方，每隔不远就有一个佛龛，里面都有一尊佛像，两腿交叉坐在莲花座上。虽然这些佛像是用粗糙的石头雕刻成的，但经过艺术家的精细加工，人体的肌肤看起来竟然柔美圆润，可见当年

能工巧匠们的功力有多深厚。路易斯大叔说，在5层方台上一共有432个佛龛。可惜的是，有些佛像已经被破坏，有的缺胳膊少腿，有的掉了头。

参观过5层方台后，他们发现佛塔各层之间正中，都有陡峭狭窄的阶梯相连，阶梯之上又都有一个牌楼，上面也有精美的浮雕。他们爬到圆台部分，情形也是如此，阶梯一直通到塔顶。

当几个人来到第六层圆台时，视野突然变得开阔了，心里也有了一种豁然开朗的感觉。从第六层到第九层的圆台的边缘都围绕着一圈钟形小塔，塔身上有菱形的孔洞。多多从孔洞往里看进去，顿时叫起来："路易斯大叔、米娜，你们快来看，里面不是空的，有一尊佛像呢！"

路易斯大叔和米娜忙过去观看，果然看到一尊佛像，神态安详而

庄严，与真人大小相近。他们再转到其他的小塔，发现里面都有一尊佛像。也许小塔抵挡了外面的破坏，这些佛像都很完整，还保持着原来的样子。

多多和米娜兴致勃勃地一一观看，并仔细数着，最后发现3层圆台的小塔共有72座，也就是说里面共有72尊佛像。在第八层圆台上，有一座东方的小塔，人们将它上层的塔体卸去，露出里面的佛像，使其面朝东方，阳光洒落在佛像上面，似乎笼罩了一层祥和的光芒。他们觉得，这是最完美的一尊佛像。

佛塔的顶端是一座巨大的主塔，也是钟形的。路易斯大叔说："它的直径有9.9米，原来的高度有42米，但因为年久地陷，再加上

雷电把它的塔尖毁掉了一段，现在只有35米高了。"

"这里面也有佛像吗？"多多和米娜努力变换角度想看一看主塔的内部，但无论他们怎么蹦跳也看不到。就连路易斯大叔也看不到里面，因为它太高了。

"这里面原本安放着最大的一尊佛像，"向导笑道，"只是现在它已经不在里面了，而是被放到博物馆展出。"

站在婆罗浮屠的高处，他们向远处望去，只见周围群山环绕，山上绿树葱茏。婆罗浮屠东南方向有一座圆锥形的火山，高居于群山之上，那就是著名的莫拉比火山，山上烟雾缭绕，好像随时准备着喷发。

莫拉比火山

　　"莫拉比"的意思是"永恒不灭之火"。而莫拉比火山就是印尼著名的活火山，它也是世界上最危险的活火山之一，海拔有2911米，火山口终年烟雾缭绕。它位于爪哇岛上，距离历史名城日惹只有三四十千米。近几十年来，莫拉比火山平均每10年就有一次大规模的喷发。它的喷发给日惹和附近的婆罗浮屠佛塔带来了巨大的灾难和威胁，婆罗浮屠就是被它喷发出来的火山灰埋没的。不过莫拉比火山附近，风景迷人，变幻无穷，是著名的风景区。

第10章

日惹的苏丹王宫

　　离开婆罗浮屠后，路易斯大叔等人开车前往东南方40千米处的日惹。这次他们要去参观的是日惹的苏丹王宫。路易斯大叔说："在日惹的苏丹王宫里仍居住着王室家族，宫里的仆人和侍卫仍然穿着古时候的服装，在那里人们可以感受到古时苏丹王宫的宫廷气氛。"

　　一听这话，多多和米娜都对日惹苏丹王宫

起了极大的兴趣，恨不能立即赶到那里。

　　不久，他们的汽车进入日惹。这座城市并不大，宁静而优雅。在
日惹的市中心，他们终于看到了苏丹王宫。王宫的周边人声嘈杂，有
很多游人，还有很多卖东西的商贩。见此情形，米娜说："真是难以
想象，在这样的环境下，王室家族怎么住得下去。"

　　"不用担心，他们住在最里面的宫殿里。"向导说。

　　"我想起一个问题，"多多突然大声说，"我在印尼的其他城
市，都没有听说有苏丹之类的君王，为什么日惹会有？"

　　路易斯大叔说："在公元18—19世纪，当地就建立起强大的日惹

苏丹王国。在1756年，第一任
苏丹哈孟古·布沃诺一世修建
了这座王宫。印尼独立后，印
尼政府之所以允许王室家族继续居住在里面，是
因为哈孟古·布沃诺九世曾参加了反抗荷兰殖民
者的战争，也曾经担任过印尼的副总统。现在住
在王宫里的是哈孟古·布沃诺十世，他深受当地
人民的爱戴和尊敬，也兼任日惹特区的省长，掌
握实权。"

王宫的大门非常简朴，只是两扇镂空的大铁
门，两旁各有3根白色的柱子。大门里面又是一座
门，比前面的大铁门要壮观得多，被漆成白色，
上面装饰着以灰绿色和金黄色为主的花纹，虽不
繁复，但十分雅致。花纹中间环绕着一个奇特的
徽章，向导说这是王室徽章：上面是一顶金色的
皇冠，两边是一对金色的翅膀；中间则是猩红
色，上有金色花纹。

"好奇怪，怎么有两座大门，而且靠得这么近？"多多不解地问。

路易斯大叔说："王宫里有许多扇门，将王宫内部分割成独立的区域，门的背后有50多个大大小小的宫殿。不过，这些宫殿大多数不对外开放。"

接着，他们进入了王宫内的广场，里面种着许多树，四周摆放着陶瓷花盆，盆中种着鲜花，给王宫增添了一些特色。广场非常宽敞，虽然参观的游客挺多，但并不拥挤。在这里，他们感受到的不是一个王宫内院的大气磅礴和富丽堂皇，而是一种小院的清幽别致。

广场的一侧是一座没有墙壁的大厅，四面透风，完全靠黑色的方形柱子支撑，上面有金银的浮雕。向导说："它叫宝王厅，是苏丹王族欣赏音乐的地方。"

宝王厅里果然是要开始表演音乐了，里面摆放着许多铜制的乐器，多多和米娜都觉得这些乐器样子很奇特，没有他们常见的钢琴、小提琴等，而是一些锣、鼓、木琴等打击乐器。乐器旁边有一些准备演奏的人，他们大多坐着。在大厅前面有几排座椅，已经有人坐在那里，多多等人也走过去坐了下来。

过了一会儿，大厅里便开始了叮叮咚咚的演奏。刚开始，他们觉得有些单调，但过了一会儿，便体会到了那音乐的轻柔和悦耳，慢悠悠的，有点像佛教音乐。多多和米娜只听了一会儿，便有些坐不住了，但路易斯大叔却正襟危坐，听得十分专注，一副陶醉的样子。

多多和米娜的注意力开始转到那些演奏音乐的人身上，让他们奇怪的是，在这么热的天气里，这些人竟然都戴着一顶黑色的圆帽。因为大家都在专心听音乐，他们只好暂时将疑问放在心里。

一段表演结束，大家热烈鼓掌。路易斯大叔说："这大概就是印尼有名的加美兰音乐吧。"

"没错，"向导说，"根据考证，加美兰音乐已经有上千年的历史了，它原本是皇家音乐。"

大家从宝王厅出来，继续往里走，有一座以黑色、金色为主色调的宫殿。它同样没有墙壁，四面有透明的落地玻璃窗。路易斯大叔介绍说："这是王宫中唯一的一座宫殿，是苏丹王族休息的地方。

你们看一下，它是朝东的。正因为它坐西朝东，日惹城里的其他房屋建筑才不能面向东方。"

这座宫殿装饰华丽，尤其是里面顶部以金色为主、辅以红色，装饰着精美繁复的花纹，雕梁画栋，金碧辉煌，令人叹为观止。顶部中央垂挂着一盏精美的大型水晶吊灯。地面上铺着白色的瓷砖，光亮整洁。宫殿的中央摆放着一套古色古香的木制座椅，据说这是办公桌。

在宫殿前面的栏杆上，中间是一个怪兽的头部雕像，巨嘴獠牙，样子很可怕，两侧各有一条像蛇的动物。米娜忍不住说："这一定是从中国传过来的龙的形象，只是样子有所改变而已。"

"这就是蛇。"一个男子忽然说。

"你怎么知道？"米娜问。

"因为我就是在这个王宫里工作的侍卫。"

"啊！"多多和米娜惊讶地打量着男子。只见他头戴一顶黑色小圆帽，身穿一件青色上衣，下面竟

然穿着一件花布做成的长及脚踝的筒裙，而双脚是光着的。好奇怪的打扮！他们一下子想起了刚才的疑问，再四处张望，竟然看到了不少像男子一般打扮的人，有一些游人在跟他们合影。

这个侍卫看出了他们的惊讶，笑着说："这是日惹苏丹王国的传统服饰，为王宫服务的工作人员都要这么穿，穿着'巴迪克'蜡染服饰，身裹纱笼——你们可能以为是筒裙，腰中插着格利斯短剑……"

"短剑？你腰里也插着吗？在哪里？"多多大感兴趣，急忙插话。

那个侍卫转过身去，果然在他背后的腰间插着一把短剑。侍卫转过身来，接着说："格利斯短剑是我们爪哇人特有的一种短剑，也是爪哇成年男子的象征。只有在王宫里服务了3年以

上的侍卫才有资格腰佩短剑。如果短剑插在身前，是对人的警告；插在背后，则是对客人的尊敬。"

多多和米娜仔细观察，王宫侍卫大多都在背后插着一把短剑，他们或神气活现地在宫里巡视，或气定神闲地盘腿坐在岗位上，或神采飞扬地守卫大门；闲暇时则聚在一起聊天，或与游客合影等。他们都显得特别自豪，甚至有种趾高气扬的神气，似乎因为自己的身份而非常骄傲。

"在王宫里工作是不是挣钱很多呀？"多多好奇地问。

"这你可想错了。"侍卫说，"宫里的侍卫、宫女和乐师等，为王室工作是没有任何报酬的，每月只能领取微薄的补贴。但我们到宫里工作并不是为了挣钱，而是把这当成一种至高无上的荣誉。在我们爪哇人眼中，只要能在宫里做事，哪怕不要一分钱，哪怕只是当个

'临时工'，都是非常体面和自豪的。"

在对游客开放的宫舍里，他们看到了一些苏丹王室家族成员的照片，照片中的人物大都穿着传统服饰。宫舍里面还摆放了一些生活用品，其中的座椅古色古香，雕刻了异常精美的花纹，一看就非常珍贵；一些陶土制的水罐、水壶等，虽然样式古朴，但都是珍贵的文物古董；生活用品中还有很多中国明清时代的瓷盘、瓷碗、瓷瓶等，上面的花纹非常精美。

　　在这些藏品中，最令多多感兴趣的是一个瓷塑，刻画的是印尼武士与一个骑在白马上的敌人搏斗的场景，一个武士已被打倒，另一个武士也已无力招架。很明显，那个金发碧眼的敌人，是个西方人。路易斯大叔感慨地说："从这个瓷塑可以看出，荷兰的长期殖民统治在印尼人心中留下了深深的阴影。"

　　在一个大仓库里，存放着几辆王室成员出行的车架，看起来很像中国古代的轿子，上面雕饰了精美的图

案，还装饰着奇特
的飞鸟，以及与中国龙形象差不多的蛇。

　　王宫里，男女是分开住的，女的住在白色宫舍里，男的住在灰黄色宫舍里，可惜只能看看，不能进去。

　　最后，他们进入王宫的后院。后院白色的大门比较雄伟，同样用淡绿色、金色等装饰了简单的花纹。大门上部中央同样有一个王室徽章，两边各有一条蛇的雕饰。大门两侧一尊一模一样的银色人像，胖乎乎的，脸上似乎还带着微笑。它左腿单膝跪地，右手拿着一根六棱短棍，拄在右膝上；左手则拿着一条扭曲的蛇。路易斯大叔说："它们是后院的守护神，右边的是代表善良的凌多罗波罗，左边是代表邪恶的波罗古哥多。"

　　参观完日惹的苏丹王宫，他们感觉这座建筑虽说融合了伊斯兰文化与爪哇文化，却并不宏大，风格简约，远没有想象中的那样金碧辉煌，与奢侈豪华也沾不上边，与其说是王宫，更像是一个富贵人家的宅院。

巴迪克蜡染布

　　巴迪克蜡染布是印尼一种传统的技艺，利用蜂蜡在布料上添加颜色，染出各种各样的花纹和图案，包括书法、花朵、飞鸟等，每一种图案都对应着某种深厚的象征意义。早在12世纪之前，这种技艺就在印尼各地流传，染出的布料作工精细，产量极少，价格不菲。在几个世纪里，巴迪克蜡染服装甚至只有印尼王室成员才能拥有，并且在举行传统仪式时必须要穿上。今天，巴迪克蜡染布焕发出勃勃生机，甚至连最时尚的人都会选择这种服饰。

第11章

巴厘岛的万种风情

巴厘岛，只是印度尼西亚众多岛屿中的一个，它的面积只有中国海南岛的六分之一，但是它太有名了，很多人对它的了解甚至远远超过印尼。这是因为巴厘岛具有梦幻般的美丽，是所有喜欢旅游的人向往的天堂。

　　当向导带着路易斯大叔等人踏上巴厘岛时，他们便深深地被震撼了。远处是湛蓝的大海、白色的沙滩、茂盛的椰树林；近处是绿油油的、错落有致的梯田，数不尽的鲜花；澄澈碧蓝的天空中飘荡着五彩的风筝，远远的天空下还能看到圆锥形的火山……这样的画面，他们原本以为只可能出现在油画中，没想到竟然真实地出现在眼前，以至于米娜不断惊呼："天哪，太美了！就像仙境一样。造物主对巴厘岛也太偏爱了吧，把这么多美丽的东西都给了它，不愧是'南海乐园'呀！"

　　虽然巴厘岛位于赤道附近，属于热带地区，但他们并没有觉得太热，海风习习，周围弥漫着潮湿的水汽，让人丝毫感觉不到热带的酷热难当。

　　行走在巴厘岛上，仿佛穿行在丛林之中，因为这里到处都是葱茏的树木，没有一般城镇拥挤的房屋建筑。岛上的房子都不高，没有楼房，清一色的都是木头搭建的小屋，掩映在椰子树下。从房屋的

大小、高低，以及院落的大小，可以看出每户人家的富裕程度，但不论贫穷还是富裕，每家每户的院子里和房子前面都种满了五颜六色的鲜花。

路易斯大叔说："怪不得人们将巴厘岛称为'花之岛'，巴厘人果然是生性爱花，处处用鲜花装点自己的生活。"

鲜花中最常见的是一种粉白中透着鹅黄的花儿，只有5片花瓣，简单而淡雅，散发出浓郁的香气。向导说这是巴厘

岛的岛花，名叫鸡蛋花。鸡蛋花长在一种灌木上，它的叶子又宽又长，颜色翠绿油亮，烘托着一簇簇鸡蛋花，淡雅清香。当地有很多男人和女人在耳旁或发髻上都插着一朵鸡蛋花，十分好看。

在这些民居房屋前面、旁边，甚至屋顶上，他们看到了许多形态和大小不一的家庙，几乎每家每户都有。极少数没有家庙的，门前也用竹片和茅草等编织成祭祀台。不仅如此，民居之外的各种寺庙也随处可见，几乎是三步一小寺，五步一大庙，不时会看到历史悠久、数百年的大寺庙。

路易斯大叔说："巴厘岛号称'千寺之岛'，其实我认为叫'万寺之岛'更合适。在这里，每户人家里有家庙，每个村落有村庙，有供奉海神、风神和太阳神的，有祭祀火山之神的，还有祭拜湿婆神、梵天或佛祖的……据说岛上的寺庙一共有12500多座。寺庙多，供奉的神也数不清，所以巴厘岛还被称为'诸神之岛'。"

在民居前面，他们看到一种奇怪的石门，好像被人用刀从中间劈开一样，截面非常平整，而且左右对称。石门是由红砖石雕构成的，像是直角三角形，从顶角直劈为两半，短边着地，锐角朝天。石门上雕刻着精美而繁琐的花纹图案，通常左右两边各有一尊守护神。门中间的通道一般很窄，几乎只能容一个人通过。

"这是门吗？样子好奇特。"米娜问。

　　"这种门叫作'善恶之门'"路易斯大叔说，"门两边的守护神分别代表着善和恶，象征着世间正邪的对立。"

　　听了路易斯大叔的话，当多多和米娜一一通过"善恶之门"时，都不由得肃然起敬。

　　除了"善恶之门"上精美的石雕，他们发现每家每户的门前几乎都放着两尊憨态可掬的石雕，一左一右，一男一女，造型精致，活灵活现，有些石雕上还插着鲜花。此外，在他们走过的地方，几乎都能看到石雕。路易斯大叔介绍说："石雕几乎遍布了整个巴厘岛。这些石雕已经不完全是艺术品，也成了巴厘人日常生活的一部分。"

　　巴厘岛上的木雕也是随处可见，寺庙中、酒店中、饭店中、卖纪念品的商店中……可以看到各种各样的木雕，岛上的木雕作坊也比比皆是。在向导的带领下，他们走进了一个木雕作坊，那是一幢漂亮的两层小楼，二层主楼，一层则摆满了木雕。木雕的造型千姿百态，大多数是宗教神话中的人物，也有栩栩如生的神鹰、神牛、雄狮和各种鸟儿等，惟妙惟肖的巴厘渔夫、少女等，还有抽象的艺术形象。有的如真人般大小，有的只有巴掌大。

　　院子里的侧房才是加工木雕的作坊。他们走进作坊，看到有工人正在用木头专心雕刻，手边摆放着各种刀具，一旁还有一些女子在给木雕做细节部分的打磨。他们亲眼看着一段木头在工人师傅手中很快变成了一个小小的精致的壁虎。

　　壁虎雕刻完后，多多当即决定买下它。那师傅一高兴，便说起来："我们用来制作木雕的木头都是质地坚硬、纹理细密的，多是黑檀木和柚木。有香味的木雕就是用黑檀木制成的，这种木雕价格也最昂贵，不过你买的这个壁虎并不贵。"

从木雕作坊出来后，路易斯大叔说："我想巴厘岛被称为'艺术之岛'和'东方希腊'，应该与随处可见的石雕和木雕有很大关系。"

他们走了一圈，身上都出了一层细密的汗水，这时他们刚好走到了海边，顿时被海边的风景吸引。一边是一望无际的大海，另一边是绿色的草地和椰林。海水清澈蔚蓝，白色沙滩细腻整洁，有人在海水中游泳、冲浪，还有人躺在沙滩上。他们也在一片树荫下躺了下来，身下的沙滩柔软而厚实，非常舒服。他们闭上眼睛，耳边传来海浪拍打沙滩的哗哗声，还有海风吹过树叶的沙沙声，非常轻松惬意。

太阳快要落山了，他们决定先回事先预订的旅馆。那是个非常漂亮的旅馆，周围绿树成荫，鲜花似锦，还摆放了一些奇特的石雕和木

雕，还拥有一个大游泳池，看起来更像是一个公园。推开房间的窗户，绿树和鲜花便争相映入眼帘，甚至可以望见远处的海洋。旅馆服务员告诉他们，晚上睡觉时只要打开窗户，不需要开空调也非常凉快。

米娜赞美道："这旅馆太美了，我还是第一次住进如此接近大自然的旅馆呢。"

他们觉得，今晚一定会睡个好觉。

黑檀木

    黑檀木是印尼的国宝木材，只有在印尼的苏拉威西岛上才有这种树木。黑檀木生长得非常缓慢，需要数百年才能长大成材，再加上它生长的环境很恶劣，所以现在黑檀木已濒临灭绝。黑檀木刚开始时是紫黑色的，时间久了，变成老木后颜色也变成了纯黑色。黑檀木很硬，看起来却很细腻，还有漂亮的光泽，不易开裂，不易磨损，用它做成的家具、工艺品等非常昂贵。

第12章

苏门答腊高地之珠

这天早晨6点多，路易斯大叔等人就早早坐上了汽车，从苏门答腊岛的棉兰向北出发。他们要去的目的地是印尼人眼中最美丽的湖泊——号称"苏门答腊高地之珠"的多巴湖，这也是他们此次印尼之行的最后一站。

　　经过6个小时的颠簸，他们终于来到了这个位于海拔900米的高原上的美丽的湖泊。

　　他们站在多巴湖的岸边，只觉得天高气爽，凉爽的风吹过面颊，令人顿时心旷神怡。巍巍青山将多巴湖环绕起来，绿树葱茏，山壁陡峭，倾斜着插入湖中，与蓝天绿水连成一片。放眼一望无际的湖面，烟波浩渺，湖水异常清澈，倒映着青山、白云，波光荡漾。近处的湖水呈深绿色，就像最纯净的蓝宝石；远处的湖水则是一片碧蓝，在阳光的照耀下，泛着白光，又像没有一丝杂质的蓝宝石。这清澈透明的湖水、湛蓝的天空，以及苍翠的群山，都像刚被水洗过一样，纯净无比。

多多赞叹道："大自然真是太慷慨了，给了印尼人如此美丽的湖光山色。"

"多巴湖是个火山湖，因为火山爆发而形成。"路易斯大叔说，"传说在7.5万年前，地球上多处火山爆发，整个地球被火山灰包围，在长达两年的时间里，不见天日，很多人因此死去，只有很少一部分人活了下来。多巴湖就是在那时由火山断层形成的。在漫长的岁月中，不断积水形成了这个世界上最大、最深的火山湖。现在，我们该乘船去畅游多巴湖了。"

他们走上轮船，向湖中心驶去。湖面非常大，一眼望不到头。随着轮船的移动，周围的群山也在不断变幻姿势，沿途风光旖旎，船在水上漂，云在碧空飘，又是另一番美景。

　　当轮船驶到多巴湖西北部，他们看到了一个极为壮观的瀑布。在极其陡峭的峭壁之上，一股水从石洞中涌出，倾泻而下，雷霆万钧，直落到山脚下的岩石上，激起巨大的水花，然后再流向多巴湖。路易斯大叔说："它是西比索比瀑布，落差有300多米。是不是很壮观？"多多和米娜连连点头。

　　他们还在多巴湖看到了一些活火山，比如西巴亚活火山、森纳布活火山等，海拔很高，在2000米以上。圆锥形的火山口上不时会有青烟冒出，山顶白云缭绕，如梦如幻。

经过两个多小时的行驶，他们到达了美丽的湖心岛——萨摩西岛。一踏上萨摩西岛，路易斯大叔便说："萨摩西岛是世界上最大的湖中岛，面积有627平方千米，比新加坡的面积还多9平方千米。它原本是一个半岛，在西边有一块狭窄的部分与陆地相连。1906年，荷兰人来到这里，将狭窄部分挖通，形成一条运河，将萨摩西岛变成了一座真正的岛。当时，当地的马达人曾经非常惊慌，他们害怕这个岛会因此沉入湖中。哦，对了，据说马达人来自中国的云南，是乘船来到这里的。"

岛上山峦起伏，覆盖了很多绿树，其中的多洛利希山更是挺拔峻峭，绿色的丛林层层叠叠。

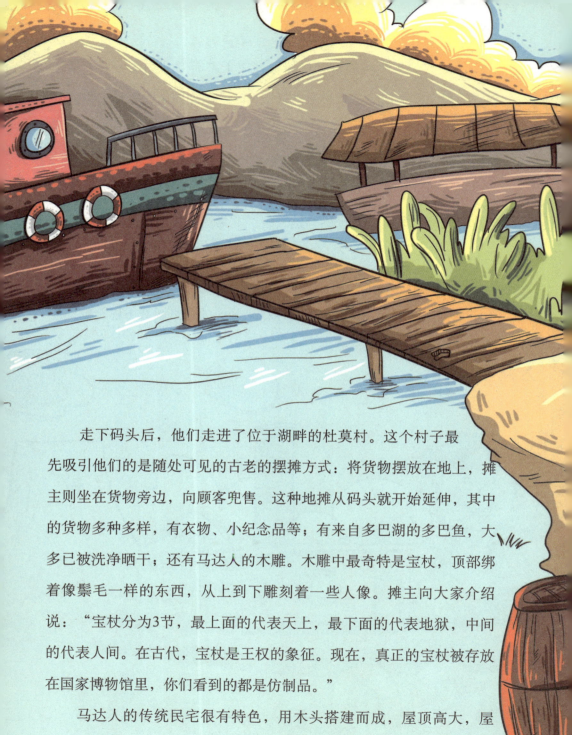

　　走下码头后，他们走进了位于湖畔的杜莫村。这个村子最先吸引他们的是随处可见的古老的摆摊方式：将货物摆放在地上，摊主则坐在货物旁边，向顾客兜售。这种地摊从码头就开始延伸，其中的货物多种多样，有衣物、小纪念品等；有来自多巴湖的多巴鱼，大多已被洗净晒干；还有马达人的木雕。木雕中最奇特是宝杖，顶部绑着像鬃毛一样的东西，从上到下雕刻着一些人像。摊主向大家介绍说："宝杖分为3节，最上面的代表天上，最下面的代表地狱，中间的代表人间。在古代，宝杖是王权的象征。现在，真正的宝杖被存放在国家博物馆里，你们看到的都是仿制品。"

　　马达人的传统民宅很有特色，用木头搭建而成，屋顶高大，屋

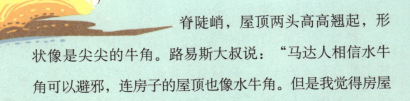

脊陡峭，屋顶两头高高翘起，形状像是尖尖的牛角。路易斯大叔说："马达人相信水牛角可以避邪，连房子的屋顶也像水牛角。但是我觉得房屋的样子就像一艘艘整装待发的船，船尖都朝着一个方向，船头则是房门。这很容易让人联想到，在遥远的古代，中国云南人乘船出发，乘风破浪，漂洋过海，历尽千辛万险来到这里。最初他们没有房屋，只好以船为家，结果后来这船的形状就成了他们房屋的样式。"

在向导的带领下，他们又来到杜莫村附近的密林中，参观了萨摩西岛上最著名的历史遗迹——西达布塔尔的陵墓。参观前，不需要买

门票，但必须在肩上披一条织花的布巾。

　　陵墓很简单，用石块建成，石块高出地面，已经长满青苔，石块上雕刻着人的头像。路易斯大叔告诉米娜和多多："这个陵墓建造于大约250年前，属于亚齐王朝的王陵，石块正面雕刻的最大的头像是国王。国王下面是一个比较小的人像，那是国王的保镖和军事总司令，表情坚毅。石块的后面还有一个女人的雕像，她是国王一生爱恋的女人，却始终没能与她成婚。"

　　之后，他们又去参观了岛上其他的一些地方，天色已近黄昏。他们爬到一座比较高的山峰上，欣赏萨摩西岛的夕阳。天边的落日渐渐与水平面连成一线，原本清澈碧蓝的湖水染上了夕阳的颜色，鲜艳的橙红色慢慢晕开，湖水反射着星星点点的碎光。

　　夕阳落下，皓月升起。深远的夜空变成了灰白，远处的山峰墨黑一片。在月光的照射下，湖面呈现一片银色，湖面上的点点渔家灯火，像闪烁的星星一样。一切都好像静静地睡着了，显得是那样的安静，却又神秘莫测。在这样的美景中，多多等人的心也慢慢沉静下来。

　　第二天早晨，路易斯大叔、米娜和多多又早早地起来了，这一次他们是准备收拾行囊返程了。坐上返程的飞机时，米娜忍不住说："这真是一次让人难忘的印度尼西亚之旅……"

棉兰

棉兰有"东方小瑞士"的美称，是印尼西部著名的旅游胜地。它在苏门答腊岛上，是该岛最大的城市，也是北苏门答腊省的首府，政治和经济地位也很重要。在棉兰，有一些种植园，里面种植着很多热带经济作物，如橡胶、烟草、咖啡、茶树和油棕等。它的工业大多与这些作物有关，如加工棕油、烟草、橡胶制品等，当然也有其他工业，如砖瓦、电池、机器制造等。在城市北部，有印尼第四大港口，是印尼橡胶、烟草和棕油的最大出口港。